Für Lena

von
Mama & Papa

Lois Szymanski
lebt zusammen mit ihrem Mann, zwei Töchtern, drei Ponys und mehreren Katzen in einem Farmhaus in Westminster, Maryland. Sie hat zahlreiche Kinderbücher geschrieben, fast alle über Ponys und Pferde.

Lois Szymanski

Geliebte Ponys

Das Versteck im Wald

Deutsch von Renate von Falkenhausen
Illustrationen von Bettina Wohlfarth

SCHNEIDER BUCH

Die Deutsche Bibliothek – CIP-Einheitsaufnahme

Szymanski, Lois:
Geliebte Ponys / Lois Szymanski. Dt. von Renate von Falkenhausen. – München : Egmont Schneider

Das Versteck im Wald. – 1999
ISBN 3-505-11092-2

Hrsg. Helga Wegener-Olbricht

Dieses Buch wurde auf chlorfreies, umweltfreundlich hergestelltes Papier gedruckt. Es entspricht den neuen Rechtschreibregeln.

Der Schneider Verlag im Internet:
http://www.schneiderbuch.de

Published by Arrangement with Avon Books, New York
Originaltitel: Silver Lining
Übersetzung aus dem Amerikanischen von Renate von Falkenhausen
Titelbild: Ursula Weller
Illustrationen: Bettina Wohlfarth
Karte: Gert Köhler
Umschlaggestaltung: ART-DESIGN Wolfrath, München
Herstellung/Satz: FIBO Lichtsatz GmbH, München
Schrift: 13˙ Garamond
Druck: Presse-Druck, Augsburg
Bindung: Conzella Urban Meister, München-Dornach
ISBN 3-505-11092-2

99 00 / 8 7 6 5 4 3 2 1

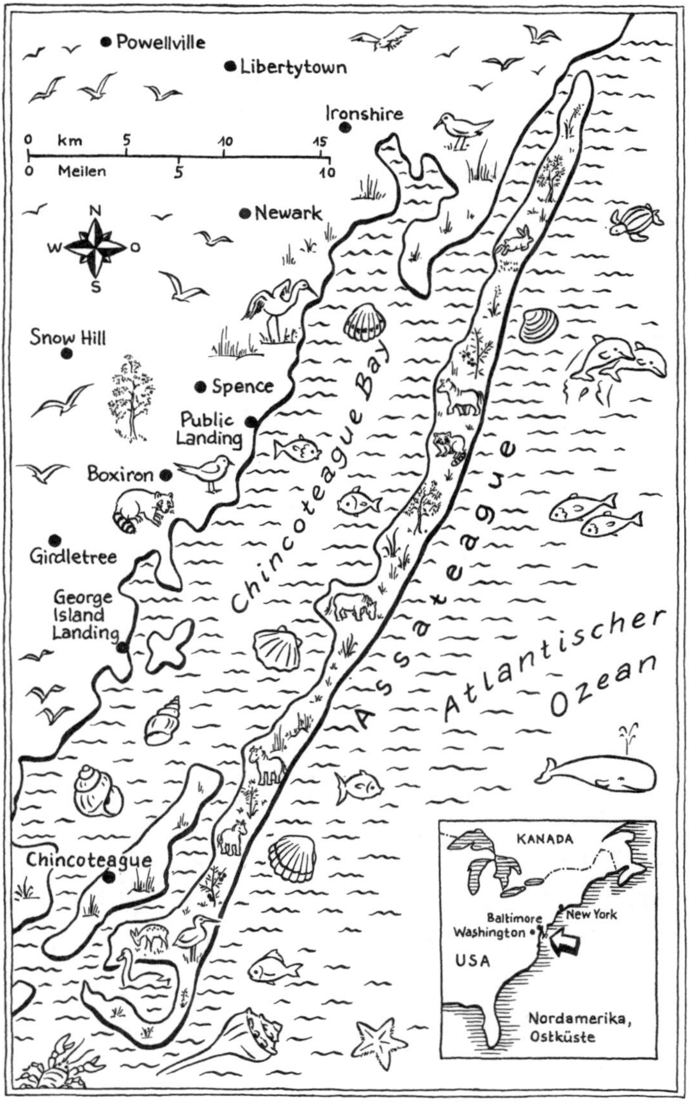

Powellville
Libertytown
Ironshire
0 km 5 10 15
0 Meilen 5 10
N
W
O
S
Newark
Snow Hill
Spence
Public Landing
Boxiron
Girdletree
George Island Landing
Chincoteague
Chincoteague Bay
Assateague
Atlantischer Ozean
KANADA
Baltimore
New York
Washington
USA
Nordamerika, Ostküste

Die Ponys von Assateague und Chincoteague

Vor der Küste Marylands im Osten der USA liegen die Inseln Assateague und Chincoteague. Ein Leuchtturm wurde bereits vor langer Zeit im Norden erbaut, der Schiffen den Weg zum Hafen von Ocean City weist. Vor etwa dreihundert Jahren soll ein Schiff vor der Insel im Atlantik in einen Sturm geraten und untergegangen sein. Den Erzählungen nach konnten sich nur einige der mitgeführten Pferde schwimmend auf die menschenleere Insel retten. Seitdem leben Ponys dort wild. Sie sind erstaunlich buntfarbig: Dunkelbraune kommen ebenso vor wie Füchse mit Blessen, Schimmel mit rauchgrauen Köpfen, die berühmten Mistys, und Schecken in verschiedensten Farbkombinationen. Nahrung und Süßwasser ist für die Pferde fast das ganze Jahr vorhanden. Sie teilen ihr „Paradies" mit kleineren Wildtieren, die ihnen nicht gefährlich werden: Füchsen, Hasen, Waschbären und Mardern. Vor einiger Zeit wurden die Inseln zum Naturschutzgebiet erklärt.

Einmal im Jahr, Ende Juli, kommen Männer mit Reitpferden über eine Verbindungsbrücke von der Nachbarinsel Chincoteague, die offiziell Besitzer der Ponys sind. Sie treiben alle wild lebenden Pferde zur Südspitze des Inselreservats – und von dort in die schmale Bucht. Schwimmend gelangt so die gesamte Herde von etwa zweihundert Tieren mit den Fohlen nach Chincoteague. In der Stadt werden die Pferde auf Krankheiten und Verletzungen untersucht; anschließend wird etwa die Hälfte der Jährlinge, meist etwa dreißig Tiere, versteigert. Zahlreiche Besucher kommen zu dieser Versteigerung, die von einem Volksfest umrahmt wird. Am Abend kehrt die Herde zu ihrer heimischen Insel Assateague zurück, auf demselben Weg, auf dem sie hergekommen ist. Dann kehrt auf den kleinen Inseln wieder für ein Jahr Ruhe ein.

1

Die schweren Holzscheite knisterten und ließen prasselnd Funken aus den Flammen des Lagerfeuers stieben. Sharon saß auf ihrem Schlitten, zog ihre vom Schnee durchweichten Fausthandschuhe aus und legte sie auf einen Stein, nah am Feuer, um sie zu trocknen. Der Mond schien hell und tauchte die kleine Freundesgruppe in gespenstisches Licht. Ein paar saßen auf dem Schlitten, andere auf Holzklötzen, um sich am Feuer aufzuwärmen. Sie machten Pause bei einer abendlichen Schlittenpartie. Sharon spießte zwei süße Marshmellows auf einen Stecken und hielt sie ins Feuer. „Willst du eins?“, fragte sie ihre Freundin Amanda und reichte ihr eine Plastiktüte.

Amanda nahm ein Marshmellow aus der Tüte und gab sie weiter an Anny, Susan und Larry. Larry arbeitete zur Aushilfe auf der Farm. Sharons Vater bezahlte ihn gut für seine tägliche Hilfe bei der schweren Arbeit auf der Holzfarm, und so kam Larry jeden Tag nach der Schule her. Noch in diesem Jahr machte er seinen Abschluss auf der High School, um dann sein Studium an der Universität zu beginnen. Sharon wusste, dass er ihr fehlen würde; sie mochte Larry.

Weihnachten stand vor der Tür, deshalb war dies die Zeit, in der es am meisten Arbeit auf der Farm gab. Viele Christbäume wurden gebraucht. Aber ein bisschen Freizeit blieb doch immer noch übrig. Larry war nach der Arbeit dageblieben und hatte das Feuer vorbereitet, dann hatte er bei der Schlittenpartie mitgemacht.

Sharons Marshmellows begannen jetzt zu brutzeln, und die andern steckten die ihren auf Stöckchen, um sie zu rösten.

„Hui!", schrie Amanda, als Sharon ihr brennendes Marshmellow ausblies. Sie starrte auf den kleinen, ziemlich schwarzen Klumpen, der da auf der Spitze des Stöckchens saß, beobachtete, wie Sharon noch mal darauf blies und dann das süße Klümpchen in den Mund schob.

„He, wie kannst du die nur in diesem Zustand essen!" Amanda stopfte sich ihre braunen Haare unter die Mütze und zwinkerte die Freundin mit ihren dunklen Augen an.

„Ich mag sie so!“

„Meine Schwester spinnt ein bisschen“, sagte Anny, und alle lachten, außer Sharon. Sie schnitt ihrer kleinen Schwester eine Grimasse.

Ein halber Meter Schnee war in der letzten Woche gefallen und hatte Spaß ins Silberbachtal gebracht. Den ganzen Tag hatten die Kinder an einer Schlittenbahn gearbeitet – den Hügel hinunter und quer durchs abgeerntete Kornfeld bis zur Brücke. Dann hatte die Mutter Marshmellows und heiße Schokolade

gebracht, und der Vater hatte Laternen angezündet, um die Schlittenbahn zu beleuchten. Der Mond schien hell, eigentlich brauchten sie die Lampen gar nicht. Die schönsten Schlitten-Partys waren am späten Abend, fand Sharon.

Larry saß schweigsam vor dem Feuer und stocherte mit einem Stock in der Glut. Der Wind bewegte die Äste der Bäume ringsum und ließ Schatten um die jungen Leute tanzen.

„Erzähl uns eine Geschichte Larry!", rief irgendjemand.

Sharon stieß Larry an. „Eine Geistergeschichte", fügte sie leise hinzu.

Larry sah Sharon an, dann sah er wieder ins Feuer, bevor er begann. „Kennt ihr die Geschichte von der verschollenen Silbermine im Silberbachtal?"

Sharon sah Amanda an.

Die schüttelte den Kopf.

„Ich kenne die Geschichte nicht", sagte

Anny. „Erzähl sie, Larry, erzähl sie!“

„Ja, erzähl sie uns“, meinte auch Susan. „Ist sie gruselig?“

„Das müsst ihr entscheiden“, sagte Larry geheimnisvoll und wandte sich wieder dem Feuer zu. Seine blonden kurzen Haare fielen ihm in die Stirn bis zu den Augenbrauen, dann schob er seine Mütze zurück und begann.

„Es ist schon lange her, da lebte hier in der Nähe ein Mann, der Ahrwald hieß und eine wunderschöne Tochter hatte, Nina. Ahrwald war ein sehr guter Silberschmied. Die Dinge, die er aus Silber machte, lockten Käufer von weither an. Alle wollten irgendwas besitzen, das Ahrwald entworfen und angefertigt hatte. Doch seine Nachbarn wunderten sich auch über ihn. Wenn sie kamen, um ihn aufzusuchen, lag er im Bett und schlief fest, und zwar auch am Tag. Wie fand er die Zeit, um all die wunderschönen

Schmuckstücke und Kerzenleuchter, die Silberlöffel und anderen Hausrat anzufertigen, wenn er so viel schlief?"

„Vielleicht hat er im Schlaf gearbeitet!", witzelte Anny.

„Pst!", rief Amanda. „Lass Larry zu Ende erzählen!"

„Nina war jung. Sie hielt das Häuschen sauber, kochte das Essen und wusch die Wäsche. Ihr Vater verließ die Hütte jede Nacht und kam gewöhnlich nicht vor der Morgendämmerung zurück. Oft besuchten ihn die Indianer, die in der Nähe wohnten, oder er kam in Begleitung mehrerer Männer zurück.

An Ninas dreizehntem Geburtstag kam Ahrwald mit einer kostbaren Brosche zurück, die er aus dem feinsten Silber gearbeitet hatte. Alles Gute zu deinem Geburtstag, Kind!, sagte er und gab Nina das Schmuckstück.

Nina betrachtete es aufmerksam, wie es

da in ihrer Hand lag. Die Brosche war oval und mit einem Muster würfelförmiger Plättchen überzogen, die hell aufglänzten, wenn man sie bewegte. In der Mitte der Brosche war eine kleine Silberrose. Nina hatte noch niemals etwas so Hübsches besessen. Sie schlang dem Vater die Arme um den Hals und dankte ihm, dann befestigte sie die Brosche an ihrem abgetragenen Kleid.

Am nächsten Tag um die Mittagszeit konnte Nina ihre Neugier nicht mehr beherrschen. Sobald sie ihre wunderschöne silberne Brosche betrachtete, überlegte sie, woher sie wohl stammte. Wann hatte der Vater sie gemacht? Sie musste es einfach wissen! Noch niemals hatte der

Vater so ein wunderschönes Schmuckstück angefertigt. Und wann fand er Zeit dafür? Nina dachte an all die Geschichten über den Vater und die Indianer, die sich die Leute erzählten und ob sie wahr seien.

Als Ahrwald aufwachte, bat ihn seine Tochter, dass sie in der kommenden Nacht mit ihm gehen durfte. Ahrwald konnte seiner Nina nichts abschlagen, er gab schließlich nach.

„Ich werde dich mitnehmen zu dem Ort, an dem ich mein Silber bekomme und wo ich es bearbeite. Doch darfst du nicht wissen, wo es ist, deshalb werde ich dir die Augen verbinden."

Nina war überrascht, dass der Vater sie mit verbundenen Augen in seine Werkstatt führen wollte, aber sie ließ es geschehen. Nachdem ihre Augen verbunden waren, nahm der Vater ihre Hand, hielt eine Laterne hoch und führte sie einen Pfad entlang in den Wald. Während sie so dahingingen, erzählte Ahrwald ihr von der Silbermine.

„Meine Freunde, die Indianer, haben mir erlaubt, ihre heilige Mine zu benutzen“, erzählte er Nina. „Doch musste ich ihnen versprechen, niemals jemandem davon zu erzählen. Sie sagen, wenn ein anderer diese Silbermine findet, dann würde sie verschwinden, ich aber würde hart bestraft werden. Deshalb, mein Kind, musst du das Geheimnis für dich behalten.“

Nina nickte feierlich, sie spürte, wie die Binde auf ihre Lider drückte. Kurz darauf schloss der Vater eine schwere Tür auf und nahm die Binde von ihren Augen. Nina war verblüfft über das, was sie da sah. Sie befanden sich in einer riesigen Höhle. Die Wände glitzerten dort, wo Silberadern offen lagen. Pfeiler aus silberhaltigem Gestein standen in jeder Ecke der Höhle.

Ein mächtiger Eichenholztisch war an einer Seite aufgestellt und darauf lag eine Menge Gerät aus Silber: Leuchter, Ringe, Broschen und Anstecknadeln – manches war noch nicht fertig. Während Nina alles betrachtete, setzte sich der Vater an den Tisch und nahm sich ein Silberstück vor, um es zu bearbeiten.

Vor Tagesanbruch verband Ahrwald seiner Tochter wieder die Augen und führte sie nach Hause. Sie musste ihm ihr Versprechen wiederholen, das Geheimnis der Höhle nicht zu verraten. Doch Nina brach auf dem Heimweg da und dort kleine Zweige und Ästchen von Büschen und Bäumen ab, um den Weg zu markieren. Vielleicht würde sie allein zu der Höhle zurückgehen ...

Der Vater war in seine Gedanken versunken, er bemerkte nicht, was sie tat.

Ahrwald ging schlafen, aber Nina fand den ganzen Tag keine Ruhe, so aufgeregt war sie. Sie war so erfüllt von dem, was sie gesehen hatte, dass sie nicht schlafen konnte. Es würde doch bestimmt nichts ausmachen, wenn sie nur mit ihrer besten Freundin darüber spräche. Und so stand sie auf, zog sich an und lief zu ihrer besten Freundin Frieda hinüber.

Es dauerte nicht lange, da gingen die Mädchen den Pfad entlang, der durch die abgebrochenen Zweige und Blätter gut zu finden war.

Larry streckte sich und machte einen tiefen Atemzug. Er stocherte in dem allmählich verglühenden Feuer und warf ein dickes Holzscheit hinein.

„Das ist aber noch nicht das Ende der Geschichte!“, protestierte Anny.

„Nein.“ Larry lächelte ein wenig. „Aber ihr wollt doch nicht, dass das Feuer ausgeht, oder?“ Schatten huschten über das Gesicht des jungen Mannes, als er weitererzählte.

„Alles wäre gut gegangen, wenn die Mädchen nur dem Pfad gefolgt und vor der Höhle wieder umgekehrt wären. Auch wenn sie die Höhle nur angeschaut hätten, wäre es nicht schlimm gewesen. Aber nein, als sie all das Silber und die halb fertigen Schmuckstücke sahen, rafften sie zusammen, was sie tragen konnten, und nahmen mehrere Säcke voll mit. In der nächsten Nacht kamen die Indianer zum letzten Mal in Ahrwalds Haus. Sie brachten ihn und seine Tochter Nina zu der Höhle, und die beiden wurden niemals wieder gesehen. Doch das war noch nicht alles: Auch die Silbermine verschwand und wurde nie wieder gefunden ..." Larry machte eine Pause. „Nur Frieda überlebte, sie hat viel später die Geschichte erzählt."

Schweigend saß die Gruppe der Kinder ums Feuer. Sharon überlegte, ob es die Silbermine nicht noch irgendwo in den Bergen gäbe – verschüttet, verborgen, eingestürzt. „Ist die Geschichte wahr?", fragte sie beklommen.

„So sagt man", antwortete Larry. „Da oben ist es geschehen", er zeigte zu den Hügeln hinüber. „Dort am Klapperschlangenberg. Die Leute sagen, dorthin sollte man nicht in der Nacht gehen. Es heißt, ein großer Mann mit einem breitrandigen Hut wandert, wenn es dunkel wird, mit einer hellen Laterne durch die Berge. Eine Menge Leute haben den Geist des Mannes vom Silberbachtal schon gesehen."

„Hat schon mal jemand nach der Silbermine gesucht?", fragte Amanda.

„Ja, danach haben viele gesucht. Zwei Männer sind dabei abgestürzt. Es heißt, drei Menschen müssen sterben, bevor die Silbermine wieder entdeckt wird."

Amanda pfiff leise vor sich hin. Die Töne klangen gespenstisch durch die Nacht. Sharon griff nach Amandas Hand und beide starrten zu den Hügeln hinauf, zum Klapperschlangenberg. Das Feuer war wieder heruntergebrannt, alles war jetzt in blassrotes Licht getaucht. Durch die Baumwipfel fiel in silbernen Streifen das Mondlicht.

„Wer fährt noch mal mit auf der Schlittenpiste?“, fragte Anny. Sie stand auf und ergriff den Strick ihres Schlittens.

Sharon schaute die Bahn hinunter. Der Wind wehte und die Laternen verbreiteten nur schwaches Licht in der Dunkelheit.

„Ich nicht!“, sagte Sharon.

„Ich auch nicht“, schloss sich Amanda an.

„Ich gehe ins Haus“, meinte Susan entschlossen.

Larry warf Schnee auf die glühende Asche. „Ich sammle jetzt die Lampen an der Piste ein“, sagte er, „und ihr geht jetzt ins Haus. Wahrscheinlich wartet Sharons Mutter schon auf euch.“

Während die Mädchen entlang der Böschung auf das alte Farmhaus zustapften, ging Larry den Hügel hinunter.

Sharon drehte sich nach ihm um. Larry sah zum Klapperschlangenberg hinauf, und Sharon meinte zu sehen, dass er lächelte.

2

Das Mondlicht warf einen blassen weißen Streifen durchs Wohnzimmer auf die Holzdielen des Fußbodens. Sharon drehte sich auf den Rücken, weg von dem Lichtstreifen, und starrte durch den schmalen Spalt im Vorhang hinaus in die Nacht. Neben ihr lag Amanda in ihrem

Schlafsack, zusammengerollt wie eine zufriedene Katze. Auf der anderen Seite des Zimmers schliefen Anny und Susan, jede warm eingekuschelt wie in einem Nest: Sie hatten rundherum Kissen und Decken um sich gestapelt, um nicht zu frieren. Amanda schnarchte leise, und Anny redete im Schlaf etwas Unverständliches. Nur Sharon war hellwach.

Irgendwo da draußen, in der kalten mondhellen Nacht, gab es eine Silbermine, verschüttet und versiegelt durch ein altes Geheimnis. Irgendwo da draußen wanderte ein rastloser Geist in den Hügeln und wollte erlöst werden.

Sharon warf sich von einer Seite auf die andere, während die Gedanken durch ihren Kopf schwirrten. Wenn es dort in den Bergen nun wirklich diese Silbermine gab? Und in einer Höhle eine Schatztruhe, voll mit Silber und kostbarem

Schmuck? Und wenn sie, Sharon, das alles finden würde.

„He, ihr Schlafmützen, es ist Zeit zum Aufstehen!"

Sharon öffnete die Augen und strich sich eine Strähne ihres blonden Haars aus dem Gesicht. Die Vorhänge waren noch nicht aufgezogen, doch durch die Lücke, durch die in der Nacht das Mondlicht gefallen war, flutete jetzt heller Sonnenschein, den die Schneedecke draußen glitzernd zurückwarf.

Amanda kroch aus ihrem Schlafsack und rieb sich die Augen. „Ich kann's nicht glauben, dass schon Morgen ist", ächzte sie und schüttelte ihren zerzausten dunklen Lockenkopf. „Ich hab kaum geschlafen."

„Ich auch nicht", sagte Sharon gähnend.

„Es wird immer viel zu früh Morgen,

wenn man so eine nächtliche Schneeparty hinter sich hat“, sagte die Mutter verständnisvoll. „Aber jede dunkle Wolke hat einen hellen Silberstreifen, wenn ihr versteht, was ich meine. Und heute macht Vater das Frühstück“, fügte sie zufrieden hinzu.

Auf der anderen Seite fuhr Anny in ihren Decken hoch und quietschte: „Pfannkuchen! Macht Papa gerollte Pfannkuchen?“

„Du hast’s erraten“, sagte die Mutter.

„Hm“, auch Sharon setzte sich jetzt auf. „Gerollte Pfannkuchen, mein Lieblingsessen.“

„Wie schmecken die denn?“, fragte Amanda.

Anny sah sie übermütig an: „Ach, das sind so alte Pfannkuchen, die rollen wir um Reste vom Vortag“, lachte sie.

„Ist überhaupt nicht wahr“, rief Sharon, „sie sind ganz dünn und so groß wie die Pfanne“, erklärte sie. „Jeder kann sie sich selbst aufrollen mit Zimt oder Gelee dazwischen. Sie sind einfach supergut!“

„Ich steh auf!“, rief Susan, und alle konnten hören, wie ihr Magen knurrte.

Als sie ins Badezimmer liefen, um sich zu kämmen, zu waschen und Zähne zu putzen, hörte Sharon ihren Vater in der Küche mit der Pfanne hantieren. Ihr lief das Wasser im Mund zusammen. Bald darauf saßen sie alle um den großen alten Eichentisch, streuten Zimtzucker und gaben Löffel voll Gelee auf ihre Pfannkuchen, bevor sie sie zusammenrollten und aßen.

„Papa?“ Sharon schob sich eine große Portion Pfannkuchen in den Mund. „Stimmt es, dass es hier einmal eine verschwundene Silbermine gab?“ Sie sah den Vater erwartungsvoll an.

„Sprich nicht mit vollem Mund!“, sagte

der Vater, aber dann lächelte er. „Wo hast du das gehört?"

„Larry hat uns gestern Nacht davon erzählt", antwortete Anny.

Der Vater lachte in sich hinein. „Der Junge erzählt diese Geschichte zu gern! Ich wette, euch haben sich die Haare gesträubt!"

„Paps!", sagte Sharon ungeduldig. „Gibt es da wirklich eine alte Mine?"

„Na ja – ich hab immer gehört, es hätte sie mal gegeben. Die Geschichte wird hier erzählt, solange ich denken kann. Es gibt ja für fast jede Stadt einen Grund, dass sie den oder jenen Namen trägt, so auch für Silberbach. Ich kann mir schon vorstellen, dass hier einmal Silber gefunden wurde."

„Aber niemand hat die verschüttete Silbermine wieder entdeckt?"

„Nein." Er schüttelte den Kopf.

Eine Weile aßen die Mädchen schweigend und dachten über die Silbermine nach.

Dann hatte Sharon eine Idee. „Lasst uns heute mit dem Pony auf den Klapperschlangenberg reiten. Wir könnten schauen, ob wir irgendetwas finden."

„Ist doch viel zu kalt", meinte Anny und kaute begeistert auf ihrem Zimtpfannkuchen.

„Du, Sharon", rief Susan jetzt, „ihr seid die Einzigen von uns, die ein Pony haben. Also, wer reitet dorthin?"

Sharon fand ihre Idee gut. Außerdem konnte sie so ein wenig mit dem geliebten Pony Christa zusammen sein. Das erlaubte der Vater nicht immer.

„Ich komme mit", sagte Amanda.

Unterm Tisch drückte Sharon kräftig die Hand ihrer besten Freundin. „Wir können zu zweit auf Christa reiten", sagte sie. „Sie ist sehr stark."

Geduldig stand das silberweiße Pony,

während Sharon es sattelte. Bei jedem Atemzug drangen kleine Wölkchen aus Christas Nüstern. Sharon überzeugte sich, dass der Sattel gut saß und streichelte Christas dichtes weißes Winterfell. Das wärmte das Pony, und das war gut, dachte sie. Sharon liebte Christa, sie hätte alles für die Ponystute getan.

Amanda streichelte zärtlich Christas Nase, während sie wartete. „Christas Fell ist schneeweiß, man kann sie draußen im Schnee kaum erkennen. Das ist günstig, um etwas auszuspionieren!“

„Ja, finde ich auch“, stimmte ihr Sharon zu, „aber spionieren tun wir nicht, wir suchen nur mal. Da oben lebt doch niemand mehr.“

Amanda nickte geheimnisvoll. „Woher weißt du das eigentlich?“

Sharon legte Christa das Zaumzeug an. „Willst du vorn oder hinten sitzen?“, fragte sie ihre Freundin.

„Hinten. Ich fühl mich dann sicherer, wenn ich mich an dir festhalten kann."

Sharon stieg auf und ließ sich sanft in den Sattel gleiten. Sie ergriff Amandas ausgestreckte Hand und zog sie hinter sich auf den Ponyrücken.

„Versprich, dass du nicht zu schnell reitest", bat Amanda. Sie legte die Arme fest um Sharons Taille.

„Ich reite bestimmt nicht zu schnell", sagte Sharon. „Aber ich verstehe nicht, warum du immer noch Angst vorm Reiten hast. Christa ist doch das sanfteste Pony der Welt! Und bitte umklammere mich nicht so! Dir passiert schon nichts."

„Das kann ja sein", brummelte Amanda, „aber ich weiß doch nicht, was Christa alles so einfällt, wenn wir zu zweit auf ihrem Rücken sitzen."

Kopfschüttelnd klopfte Sharon Christas Hals. „Du, da hast du aber Christa jetzt gekränkt. Wie kommst du darauf?

Sie ist das sicherste Reitpony der Welt.“

„Ich hab dir ja schon mal erzählt, dass ich von dem Pferd meiner Cousine gefallen bin, als ich klein war, und der Sturz hat so grässlich lang gedauert! So kam es mir jedenfalls vor, und dann ist das Pferd auf meine Hand getreten und ein Finger war gebrochen.“

„Ja, ich weiß, dass du mir diese Geschichte erzählt hast. Aber Christa ist kein großes Pferd, sondern ein ruhiges Pony. Auch wenn du fallen würdest, sie würde dich niemals treten. Du kennst sie jetzt doch schon lange genug, um das zu wissen! Wahrscheinlich habt ihr damals das Pferd deiner Cousine nervös gemacht.“

„Ja, ja, aber bitte jetzt nicht schneller.“ Amanda umschlang Sharons Taille nur noch fester.

Sharon zuckte mit den Schultern. Es war sinnlos, das Gespräch fortzusetzen.

Vielleicht verlor Amanda niemals ihre Angst vorm Reiten. Sharon nahm die Zügel auf und gab leichten Schenkeldruck. Sie lenkte das pelzige weiße Pony zum Hof hinaus und zu den Hügeln hinüber. Während sie durch die Reihen von dunklen Tannen ritten, holte Sharon tief Luft. „Ich hab diesen Tannenduft so gern!", sagte sie.

„Ich auch", Amanda atmete tief ein, „du kannst wirklich von Glück sagen, dass du auf einer Tannenbaumfarm lebst."

In diesem Augenblick rannte ein Kaninchen über den Weg. Christa senkte den Kopf, sie schnupperte und zog am Zügel, in der Absicht, dem kleinen Tier zu folgen. Aber Sharon wollte nicht, dass sie dem braunen Kaninchen folgten.

Oben auf dem Hügel hielten sie sich links und ritten am Rande der Tannenschonung entlang. Endlich kamen sie in eine Schlucht, in der riesige alte Föhren wuchsen. Kein Laut war ringsum zu hören. Der Klapperschlangenberg lag jetzt vor ihnen.

Amanda beugte sich ein wenig vor. „Das ist der Kirkhoffweg", flüsterte sie, als ob jemand zuhören könnte.

Sharon nickte und trieb Christa an, den Hügel hinauf. Sie konnten jetzt den

Gipfel sehen, der aus bizarren Felsbrocken bestand, um die hohe Tannen und ein paar Ahornbäume wuchsen und dichtes Unterholz. Es sah fast so aus, als würde sich darunter eine Höhle verbergen.

Amanda umklammerte Sharon noch fester. „Schau nur!“ Sie wies mit dem Finger auf einen großen Bussard, der hoch über den Felsbrocken kreiste.

Sharon sah den Raubvogel, er hatte vielleicht in der Nähe ein kleines Tier erspäht, dachte sie. Plötzlich hatte sie das seltsame Gefühl, als ob jemand sie beobachtete. Rasch wendete sie das Pony, ihr Blick flog über die Felsen und Bäume, aber da war nichts: Schnee, Bäume, Felsgestein, und über allem der blaue Himmel mit dem Bussard.

„Stimmt was nicht?“, flüsterte Amanda erschrocken.

„Ich weiß nicht. Mir war, als sei hier jemand!“

„Mir ging es genauso“, flüsterte Amanda.

Aufmerksam beobachteten sie beide das Unterholz. Doch alles blieb still und friedlich.

Sharon stieg bei einem mächtigen Felsbrocken ab und auch Amanda glitt von Christas Rücken.

„He!“, quietschte sie, als sie in dem weichen Schnee landete.

Die Mädchen liefen um den großen Felsbrocken. Dahinter lag ein großer Haufen Tonschiefer und anderes Gestein. Sharon sah zu, wie Amanda mit der Hand über die raue Oberfläche des Felsens strich, auf der Suche nach einer Öffnung oder einem Spalt. Von einigen Stellen auf der Oberfläche des Felsens hatte der Wind den Schnee weggeweht. Plötzlich hielt Amanda inne und fuhr dann über eine bestimmte Stelle des Felsbrockens.

„Was hast du gefunden?“, fragte Sharon.

„Ich bin nicht sicher, aber es kam mir so vor, als wär da ein Öffnung.“

Sie wischten den Schnee weg, sahen dann aber, dass da nur eine lange, schmale Furche im Gestein war.

Schon wollten sie wieder umkehren, da sah Sharon einen Felsen, von dem der Schnee ganz weggefegt war. Er befand sich an einer windgeschützten Stelle und die war schneefrei! Sharon rannte hinüber, um sich die Stelle genauer anzusehen. Geblendet vom starken Sonnenlicht, das der Schnee und die silbergrauen Felsen zurückwarfen, sah sie es. „Schau nur!“, schrie sie aufgeregt. „Amanda!“

Amanda starrte hin und hielt die Luft an.

Sharon zog ihre Fausthandschuhe aus und ließ die Finger über die Einkerbung im Gestein gleiten. Und da standen in ungelenken, ungleichmäßig gehauenen Buchstaben drei Wörter: *Ahrwald und Nina*.

Die Mädchen standen verblüfft vor dem Felsblock.

Sehr tief waren die Buchstaben nicht eingekerbt. Es schien, als hätte man sie mit einem scharfen Gegenstand in den Stein geritzt. Sharon sah umher. Waren diese Buchstaben erst vor kurzem oder schon vor langer Zeit in den Felsen geschnitten worden? Der Schnee war jedenfalls weggewischt worden, und das war verdächtig. Doch nirgends gab es Spuren im Schnee, die verrieten, dass da jemand gekommen wäre.

Amanda berührte den Felsen und fuhr mit den Fingern leicht über die Buchstaben. „Was meinst du?“, fragte sie leise.

„Ich weiß nicht“, flüsterte Sharon. Sie hatte wieder das Gefühl, als ob jemand sie beobachtete. Sie zog langsam ihre Handschuhe an. „Komm, lass uns weggehen von hier“, flüsterte sie.

Christas Hufe machten ein klickendes Geräusch, wenn sie gegen die Steine stießen, dort, wo kein Schnee war. Die Ponystute suchte sich ihren Weg den Hügel hinab und durch das Tal, zurück zur Farm. Sharon und Amanda schwiegen. Es war so still zwischen den Hügeln – gespenstisch still.

Sharon beugte sich vor und klopfte Christas Hals. Sie spürte, wie sehr sie ihr Pony liebte. Dass Christa hier bei ihnen war, gab ihr Mut. Zusammen mit ihrem Pony war alles nicht so schlimm.

Auch wenn uns da jemand beobachtet hätte, dachte sie, Christa beschützt uns und niemand kann so schnell laufen wie

mein Pony – auch ein Gespenst nicht.

Doch wer hatte die Buchstaben in den Felsen geritzt? *Ahrwald und Nina.* Sie sah die drei Wörter vor sich, spürte die Buchstaben unter ihren Fingerspitzen, obwohl sie die Hügel und den Felsbrocken dort oben nun schon weit hinter sich gelassen hatten.

„Glaubst du, dass die Geister von Ahrwald und Nina dort ihre Namen hinterlassen haben?“ Amandas Stimme war wie ein Echo auf Sharons eigene Gedanken.

Sharon richtete sich im Sattel auf und überlegte. „Ich weiß es nicht“, antwortete sie schließlich. „Sie sahen irgendwie zu neu aus, um dort schon sehr lange zu sein.“

„Larry hat uns die Geschichte im Freien erzählt, wo jeder zuhören konnte“, sagte Amanda nachdenklich.

Sharon fröstelte. „Ich weiß nicht“, sagte sie wieder, „vielleicht hat es irgendeiner, der schon früher nach der Silbermine gesucht hat, da oben eingeritzt."

„Genau!", rief Amanda. „So jemand könnte es gewesen sein."

„Aber wenn es nun doch Ahrwald war? Vielleicht weil er auf Hilfe hoffte?"

„Larry hat überhaupt nichts von Schriftzeichen in den Felsen erzählt. Wenn es die schon lange gäbe, hätte er bestimmt davon gesprochen."

Sharon klopfte Christas Hals. Sie überlegte, wie sie ein bisschen mehr erfahren konnten.

„Lass uns zur Stadtbücherei gehen", schlug sie vor, „vielleicht können wir irgendwas über die Sagen hier in unserer Gegend finden."

„Eine gute Idee!", sagte Amanda.

Sharon ließ das Pony antraben. „Wenn wir uns beeilen, kann Mama uns heute noch mit in die Stadt nehmen, wenn sie zum Einkaufen fährt."

„Bitte leise!“ Die Bibliothekarin sah Sharon und Amanda an. Sharon war klar, dass sie zu laut miteinander geredet hatten. Die beiden Mädchen saßen an einem langen Tisch und blätterten in Büchern aus der Abteilung für Sagen und Märchen, um irgendetwas über die verschwundene Silbermine zu erfahren. Aber sie fanden nichts.

Amanda beugte sich zu Sharon und flüsterte: „Ich hab schon im Computer nachgesehen, alle Bücher mit Sagen sind hier in dieser Abteilung.“

Sharon nickte. Dann fiel ihr Blick auf die Bibliothekarin.

„Kann ich euch helfen, ihr beiden?“, fragte die Bibliothekarin die Mädchen. „Offenbar findet ihr nicht, was ihr sucht.“

Sharon stand auf und schob eines der Bücher fort. „Wir suchen etwas über die verschwundene Silbermine von Silberbach.“

„Ich verstehe", sagte die Bibliothekarin. „Aber wir haben bei den Jugendbüchern nichts über die Sagen der hiesigen Gegend. Es gibt jedoch ein Buch, das von der Bibliothek herausgegeben wurde." Sie eilte über den teppichbelegten Gang zum Lesesaal der Erwachsenen, wo es sehr still war.

Die Mädchen folgten ihr.

Gleich beim Informationstisch griff die Bibliothekarin in ein Bücherregal dahinter und zog ein Buch heraus. Sie gab es Sharon und sagte: „Vergesst nicht, ihr solltet hier nur leise reden!" Sie lächelte, bevor sie wegging.

Sharon betrachtete die Vorderseite des Bandes. Da stand: *Geister- und Gespenstergeschichten aus Carroll County, Maryland* und weiter: *Gesammelt von Jesse Glass, herausgegeben von der Carroll-County-Bibliothek.*

„Komm, lass uns in den Arbeitsraum gehen", flüsterte sie.

Amanda lief hinter ihr her, vorbei an endlosen Bücherreihen, in den leeren Studiensaal. Sie setzten sich auf zwei Stühle vor einen Arbeitstisch, und Sharon blätterte um, bis sie zu einem Kapitel gelangte, das *Die gespenstische Silbermine* hieß.

„Komm, lies laut“, sagte Amanda, „hier ist doch kein Mensch.“

„Jeder kennt die kleine Stadt Silberbach, sie liegt am Gettysburg Pike, ungefähr neun Meilen von Westminster entfernt“, begann Sharon.

Beim Lesen stellten die beiden fest, dass es genau die Geschichte war, die ihnen Larry erzählt hatte. Sie hatte sich 1783 zugetragen, und die Indianer waren vom Stamm der Susquehannoks gewesen.

„Larry hat uns also nicht auf den Arm genommen“, sagte Amanda. „Offenbar stimmt das, was er uns erzählt hat.“

„Hör dir das mal an“, sagte Sharon und

las aufgeregt weiter: „Und das geschah, als die Indianer Ahrwald und Nina zu der Höhle schleppten – der Todestanz begann. Schneller und schneller umkreisten sie Ahrwald und seine Tochter, mit schrillen Gesängen und drohenden Bewegungen, sodass die beiden sich fürchteten und aneinander klammerten ..." Sharon fuhr die Zeilen mit dem Finger nach und las weiter: „Plötzlich wurden die friedlich schlafenden Einwohner von Silberbach durch zwei Klagerufe geweckt. Die Erde bebte, der Sturm heulte und pfiff. Über dem Klapperschlangenberg erhob sich ein feuriger Drache mit aufgerissenem Rachen und grausigen Fängen und flog durch die Luft."

„Also diesen Teil glaube ich nicht", sagte Sharon. „Das ist ein Märchen."

„Klar." Amanda nickte. „Erinnerst du dich an das, was uns Mrs. Baker in der Schule gesagt hat? Solche Sagen haben oft einen wahren Kern, aber meistens wird dann ziemlich übertrieben. Manche werden mit der Zeit immer breiter ausgemalt, und am Schluss weiß man nicht mehr, was Wahrheit und was Erfindung ist."

Sharon nickte. Sie klappte das Buch zu und stand auf. „Jedenfalls ist da nichts erwähnt von eingeritzten Buchstaben in den Felsen“, sagte sie. „Ich glaube, wir werden nicht erfahren, wer die dort angebracht hat und wann.“

„Meinst du nicht, wir sollten ein bisschen weitersuchen?“, fragte Amanda.

„Klar. Ich werde morgen wieder dorthin reiten. Vielleicht finden wir doch den Eingang zur Höhle.“

Amanda kicherte. „Bleib auf dem Teppich, Sharon“, sagte sie. „Wenn so viele Leute dort schon gesucht und nichts gefunden haben, werden wir erst recht nichts finden.“

„Erst mal sehen“, erwiderte Sharon langsam. „Auf jeden Fall sind wir dünner und kleiner. Vielleicht finden wir einen Eingang zwischen Felsspalten und Ritzen, durch den Erwachsene sich nicht durchzwängen können.“

Doch dann kamen ihr Zweifel, ob sie wirklich in die Hügel und zum Klapperschlangenberg reiten sollten. Es war unheimlich dort oben. Besonders seit sie mehrmals das Gefühl gehabt hatte, dass es da irgendjemand oder irgendetwas gab, das sie beobachtete.

Am nächsten Tag war es bitterkalt. Sharon und Amanda standen an der Bushaltestelle; sie traten von einem Fuß auf den anderen und rieben sich die Hände.

Amanda presste ihre weichen Handschuhe an die Nase. Heute ist es wirklich zu kalt, um nach der Schule zum Klapperschlangenberg zu reiten", sagte sie. „Auch für Christa."

Ein Windstoß fuhr durch Sharons Jacke, sie machte unwillkürlich einen Buckel und drehte dem Wind den Rücken zu. „Ja, stimmt", sagte sie. „Obwohl Christa die Kälte nicht soviel ausmacht mit ihrem dichten Fell."

In der Charles-Carroll-Grundschule strömten die Schüler in die große Eingangshalle, suchten nach freien Kleiderhaken und redeten über den am Wochenende gefallenen Schnee. Die vielen Schuhe und Stiefel hatten einen glitschigen Pfad aus Schneematsch gebildet, quer durch die große Halle, den der Hausmeister zwischen all den Kindern aufzuwischen versuchte.

Die letzte Schulwoche vor dem Beginn der Winterferien war angebrochen. In Sharons Klasse, der vierten, versuchte

Mrs. Baker Rechtschreibung zu unterrichten. Die Schüler zappelten auf ihren Stühlen herum, kicherten und redeten miteinander, bis Mrs. Baker nachgab: Sie fragte nach den Ferienplänen ihrer Schüler.

Billy hob die Hand. Er stand auf und berichtete den anderen, er führe nach Florida, um seine Großeltern zu besuchen.

„Dort ist es toll warm!“, verkündete er. „Wenn ihr euch hier die Nasen abfriert, geh ich schwimmen, Leute!“

„So ganz sicher bin ich da nicht, ob es warm genug zum Schwimmen sein wird“, meinte die Lehrerin, „auch in Florida nicht.“

Billy setzte sich wieder.

Dann fragte Mrs. Baker Amanda: „Und was hast du vor, Amanda?“

Sharon warf ihrer Freundin einen beschwörenden Blick zu, der sagen sollte: Bitte erzähl es nicht allen!

Doch Amanda hatte nicht zu ihrer Freundin hingeschaut. „Ich geh auf Forschungsreise“, sagte sie, dann sah sie zu Sharon hinüber und lächelte.

Amanda war verwirrt, als Sharon den Kopf schüttelte.

„Was willst du denn erforschen?“, fragte jetzt Mrs. Baker.

„Na ja“, Amanda begann zu stottern, „nur bei uns in der Garage rumstöbern. Meine Mutter will im Frühjahr ein Stück Land verkaufen, da gibt’s noch einen Haufen Gerümpel, das ausgemistet werden muss.“

„Das macht bestimmt Spaß“, meinte Mrs. Baker und wandte sich einem anderen Kind zu.

Sharon seufzte erleichtert auf. Sie beugte sich über ihren Tisch und kritzelte ein paar Worte auf einen Zettel. Amanda, das war eine super Antwort! Wir wollen unser Geheimnis nicht verraten. Komm

Freitag zum Übernachten zu uns, dann reden wir über alles. Sharon.

Sie faltete das Blatt zu einem Briefchen zusammen und schickte es ungesehen durch die Klasse zu Amanda.

Der Rest der Woche zog sich hin. Es blieb weiter sehr kalt und wurde schon früh dunkel. Die beiden Freundinnen konnten das Wochenende kaum erwarten, denn dann hatten sie zwei Wochen Ferien, also genug Zeit für Entdeckungsritte. Sharon war froh, dass sie endlich mehr Zeit für ihr Pony haben würde. In der letzten Zeit hatte sie sich wegen der Schule nicht viel mit Christa beschäftigen können.

Am Freitag erschien Amanda mit einem kleinen Rucksack und ihrem Schlafsack. „Mama hat gesagt, ich könnte zwei Nächte bleiben!“, verkündete sie zufrieden.

„Klasse!“, kreischte Anny. „Das wird ein Superwochenende für uns!“

„Für uns?“, fragte Sharon kühl. „Du machst da nicht mit und wirst dich nicht an uns hängen! Wir haben nämlich was Wichtiges zu tun, und zwar allein.“

„Du bist gemein“, jammerte Anny. „Vielleicht kann Susan auch kommen.“

„Bitte vergesst nicht, dass wir am kommenden Wochenende mehr Arbeit als sonst haben durch den Verkauf der

Tannen. Ihr drei müsst da auch mithelfen", sagte die Mutter.

„Das wissen wir", erwiderte Sharon, „aber um Amanda und mich brauchst du dir keine Sorgen zu machen. Wir haben hier viel zu viel vor, um woanders hinzugehen."

Beim Essen sprach der Vater über die Christbäume. „Ihr wisst, dass dies das letzte Wochenende vor Weihnachten ist, an dem wir Bäume verkaufen können. Weihnachten ist bereits nächsten Donnerstag", erinnerte er. „Und ich brauch von jedem von euch ein bisschen Hilfe."

Er sah Sharon und Anny an. „Auch von euch beiden! Ich bin froh, dass du eine Freundin mitgebracht hast", sagte er und zwinkerte Sharon zu. „Für die finden wir auch noch etwas Arbeit!"

„Klingt gut!", sagte Amanda.

Sharon und Anny seufzten genervt.

Der Vater trommelte mit den Fingern auf der Tischplatte. „Ich möchte, dass du morgen früh zu der hinteren Tannenpflanzung reitest, Sharon. Ein Kunde hat sich dort im letzten Monat einen Baum ausgesucht. Er hat ihn sich reservieren lassen. Die Schwierigkeit ist nur ... ich dachte zuerst, er wollte, dass ich den Baum schlage, doch jetzt hat er mir gesagt, dass er ihn mit dem Wurzelballen haben will. Einen lebenden Baum, sagte er."

„Aber der Boden ist doch total hart gefroren", meinte die Mutter und runzelte die Stirn. „Wie willst du einen Baum mit der Wurzel so spät im Jahr ausgraben?"

„Das hab ich mir schon überlegt, Martha", erwiderte der Vater. „Larry ist schon gestern mit dem Traktor und mit Werkzeug hingefahren. Wir haben den Boden rund um den Baum aufgehackt und wollten ihn bereits rausziehen, aber da sprang der Traktor nicht mehr an. Jetzt musst du versuchen, Sharon, die Tanne mit dem Pony rauszuziehen. Larry wird dir dabei helfen. Morgen früh kommen so viele Kunden, sodass ich selbst nicht mit hinausgehen kann. Aber Christa weiß ja Bescheid. Sie hat das schon öfter gemacht."

Sharon wusste, dass sie schon oft geschlagene Weihnachtsbäume mit Hilfe ihres Ponys den Hügel heruntergezogen hatte. Diesmal würde es wahrscheinlich schwieriger werden, weil so viel Schnee lag, aber sie würden sehen.

„Okay, Papa", sagte sie. „Amanda und ich werden uns morgen früh dort oben mit Larry treffen."

Amanda war wieder hinter Sharon aufgesessen und hielt sie mit beiden Armen fest umfasst, als Christa sie durch den Tannenwald trug. Diesmal waren sie auf dem Weg zu der am weitesten von der Farm entfernten Tannenpflanzung. Sie lag genau unter dem Klapperschlangenberg. Die Sonne schien durch die Zweige, ihre Strahlen malten schachbrettartige Muster auf den Boden. Es war wärmer als sonst, der Wind hatte endlich nachgelassen. Sharon hob ihr Gesicht der Sonne entgegen, als sie jetzt auf den breiten Anfahrtsweg kamen.

Da wartete Larry, die Hand und das Kinn auf eine Schaufel gestützt. „Warum habt ihr so lange gebraucht?“, rief er.

Sharon verzog das Gesicht: „Wir mussten schließlich erst aufsatteln! Außerdem sollte Christa nicht so schnell gehen.“

„Ich hab die Wurzeln gelockert. Wir wollen sehen, dass wir hier bald fertig werden. Leicht wird's nicht. Die Sonne macht den Schnee total matschig. Hoffentlich verliert dein Pony nicht den Halt!“

„Warum denn!“, sagte Sharon ungeduldig. „Christa schafft das leicht." Sie sprang aus dem Sattel. Auch Amanda ließ sich vom Rücken des Ponys gleiten.

„Wir werden ja sehen", brummte Larry, als er ein dickes Seil um den Stamm der Tanne legte, es festzog und Sharon das andere Ende gab. „Das musst du fest um den Sattelknopf wickeln. Wenn ich ‚Los' rufe, dann lass sie anziehen! Und gib Acht, dass sie sich nicht mit den Hufen im Seil verwickelt!"

„Ich bleib hier stehen“, sagte Amanda und ging auf die andere Seite des Weges.

Larry stellte sich hinter den Baum, stemmte beide Hände gegen den Stamm und rief: „Los!“

Sharon gab Christa einen leichten Klaps auf die Kruppe, dann packte sie das Halfter des Ponys. Christa zog an, das Seil straffte sich. Sharon ließ nicht locker und redete dem Pony unablässig zu, vorwärts zu ziehen.

Christa strengte sich an, ihre Hufe ließen Schneematsch, Geröll und Erdbrocken nach allen Seiten spritzen. Langsam bewegte sich der Baum aus seiner Mulde. Plötzlich löste sich das Wurzelwerk aus dem Boden, nun glitt der Stamm schnell über den Grund. Sharon ließ das Halfter los und klopfte liebevoll Christas Hals. „Wow!“, rief sie und fuhr der kleinen Stute zärtlich mit der Hand über die Mähne. „Das hast du super gemacht, mein braves Mädchen!“

Verklumptes Erdreich hielt die Wurzeln der Tanne zusammen. Larry beugte sich mit einem Ballen Leinenstreifen in der Hand hinunter. Sharon sah ihn an und musste lachen: Larry war von Kopf bis Fuß mit Schneematsch bespritzt.

„Was ist denn so zum Lachen?“, fragte Larry misstrauisch.

„Na, du!“, kicherte Sharon, und dann fing auch Amanda an zu kichern.

Larry blickte an sich hinunter und schnitt eine Grimasse. Dann begann er die Leinenstreifen vorsichtig um die Wurzeln des Baumes zu wickeln, um damit die inneren, zarten Wurzeln zu schützen. Sharon half ihm und schob da und dort eine einzelne Wurzel in das dicke Leinenpaket.

Larry zog ein Taschenmesser aus der Tasche und gab es Amanda. „Du kannst jetzt die Leinenstreifen abschneiden", sagte er. Er hielt das Ende gespannt, damit sie es leicht durchtrennen konnte.

„Gut gemacht", sagte er endlich.

Amanda klappte das kleine blaue Taschenmesser sorgfältig zusammen und gab es Larry zurück.

„Jetzt kannst du ihn anbinden, Sharon", erklärte Larry.

Sharon hatte ihrem Vater schon oft beim Verpacken von Wurzelballen geholfen. Sie wusste genau, was jetzt zu tun war. Rasch legte sie das Seil um das Leinenpakat: einmal herum, einen Knoten machen und zuletzt eine Schlinge.

Endlich legte Larry eine Art Drahtkorb als Schutz um den Wurzelballen. „Fertig", sagte er zufrieden. „Du kannst den Baum jetzt gleich zu deinem Vater runterbringen, Sharon!", sagte er. „Ich werd versuchen, den Traktor wieder in Gang zu setzen."

Sharon nickte und lief um den Baumstamm herum. „Komm mit, Amanda!“

Amanda sah nicht auf. Sie stand gebückt über dem Loch, in dem die Tanne gestanden hatte und starrte wie gebannt auf die Erdbrocken, die aus dem Wurzelballen gefallen waren. „He, Sharon, schau doch!“, flüsterte sie aufgeregt. Sie nahm etwas aus dem Wurzelloch und rieb es an ihren Jeans.

Sharon blickte auf Amandas geöffnete Hand, dann hielt sie den Atem an. Es war eine silberne Brosche.

5

Sharon sah schnell zu Larry hinüber. Sie konnte seinen Kopf nicht sehen, er wurde von dem Traktor verdeckt, an dem er herumbastelte und versuchte, ihn wieder zum Laufen zu bringen.

Sie nahm die Brosche von Amandas Handfläche und betrachtete sie genau.

Das Schmuckstück war dunkel angelaufen und schmutzig, doch es schien echtes Silber zu sein. In der Mitte der Brosche war ein kleines ovales Loch, es sah so aus, als wäre da einmal eine Perle oder ein Edelstein gewesen. Der Rand der Brosche war mit einem kunstvollen Muster verziert, an einer Stelle waren deutlich drei Buchstaben zu erkennen: N.A.S.

Sharon hätte beinah laut aufgeschrien, doch dann beherrschte sie sich und flüsterte Amanda zu: „Glaubst du, dass das N Nina bedeutet?"

Larry tauchte wieder hinter dem Traktor auf, er hatte offenbar den Fehler gefunden, denn er hielt ein kleines Stück Metall in der Hand. Rasch griff Amanda nach der silbernen Brosche und ließ sie in ihrer Anoraktasche verschwinden.

„Könnte sein“, flüsterte sie.

Die beiden Mädchen gingen dicht nebeneinander zu dem Pony hinüber.

„Sag niemandem was von der Brosche“, sagte Sharon und hoffte, dass ihre Stimme ganz normal klang.

Larry sah zu, wie die beiden Christa am Halfter nahmen. Sharon ging langsam los, und die Ponystute zog die Tanne zügig hinter sich her, den Hügel hinunter.

Sharon sah über die Schulter zu Larry zurück. Er wischte sich die ölverschmierten Hände an einem Lappen ab, dann winkte er ihnen nach.

Als sie außer Hörweite waren, kicherte Sharon. „Glaubst du, dass er was gemerkt hat?“, fragte sie.

„Ich glaube, er weiß, dass wir ein Geheimnis haben“, antwortete Amanda. „Er ist ja nicht blöd.“

„Weißt du, was ich denke?“, fragte Sharon. „Ich denke, dass Larry diese ganze

Geschichte ausgeheckt hat. Und ich glaube, dass er auch die Namen in den Felsen geritzt hat. Seine Spuren hat er mit einem Zweig verwischt. Schließlich ist er derjenige, der uns die Sage von der Silbermine erzählt hat, und er kann sich natürlich denken, dass wir drauf reinfallen!"

Amanda nickte, dann sagte sie aufgeregt: „Ja, es ist wirklich komisch, dass wir niemals vorher da oben eingeritzte Buchstaben gesehen haben. Und wie oft sind wir da in der Nähe geritten! Außerdem ist es ziemlich seltsam, dass wir die Brosche in dem Loch gefunden haben, das Larry gerade ausgehoben hat, um den Baum rauszuziehen!"

„Erinnerst du dich, dass wir das Gefühl hatten, jemand beobachtete uns? Das war er bestimmt auch!", sagte Sharon entrüstet. Sie sah den hellen kleinen Atemwölkchen nach, die aus Christas runden Nüstern kamen.

„Ich wette, er war's!", rief Amanda. „Der denkt, er könnte sich über uns lustig machen!"

„Das würd ich ihm gern heimzahlen." Über Sharons Gesicht glitt ein fröhliches Lächeln bei diesem Gedanken. „Wir sollten uns was überlegen!"

Amanda sah ihre Freundin über Christas Nacken hinweg an. „Irgendwas, das er nicht vergisst", sagte sie. „Dem zeigen wir's."

Wie wunderschön sieht heute alles aus, dachte Sharon, als sie auf dem breiten verschneiten Weg durch die Tannenschonung gingen. Die Sonne ließ den Schnee glitzern, und neben jedem Baum zeichnete sie seinen dunklen Schatten auf den Boden. Christas warmer Pferdekörper dampfte ein bisschen. Zärtlich strich Sharon durch die silberhelle Mähne der Stute. „Das machst du fein", sagte sie zu ihrem Pony. „Ich kann's wirklich nicht verstehen, dass du jemals Angst vor ihr haben konntest“, sagte sie dann zu Amanda.

Amanda antwortete nicht, aber sie gab dem Pony einen freundlichen Klaps auf den weißen Hals.

Als die Farm nicht mehr weit war, sahen die beiden Mädchen die Kunden, die, mit kleinen Sägen in der Hand, durch die Reihen der Tannen stapften. Ab und zu blieb einer vor einem Baum, der ihm gefiel, stehen. Ein anderer kniete sich hin und sägte die Tanne seiner Wahl ab. Überall hörte man Stimmengewirr.

Eine Rauchwolke stieg aus dem Holzofenrohr der Verkaufshütte des Vaters. Sharon und Amanda stieg der Duft von heißem Apfelwein und heißer Schokolade in die Nase, die die Mutter immer bereit hielt, um die durchgefrorenen Kunden aufzuwärmen.

Sharon fuhr mit der Zunge über ihre Lippen und schnalzte leise, um Christa anzutreiben. Aber das war gar nicht nötig. Das Pony schien ebenfalls Stallluft gewittert zu haben. Zügig ging es das letzte Stück den Hügel hinunter.

An diesem Abend standen die Freundinnen in Sharons Schlafzimmer. Sharon rieb die Brosche zwischen Daumen und Zeigefinger, dann legte sie sie auf ihren Handteller und ließ behutsam einen Finger über das kleine Loch in der Mitte gleiten, in dem einstmals ein Edelstein gesessen hatte. „Ich wette, sie ist ziemlich kostbar", sagte sie leise. „Und ich wüsste zu gern, wo Larry sie gefunden hat!", Denn dass er es gewesen war, daran zweifelte sie nicht.

„Vielleicht hat er sie auf einem Flohmarkt gekauft", meinte Amanda. Sie nahm die Brosche aus Sharons Hand. „Wir sollten sie mal richtig waschen!"

Sharon folgte ihrer Freundin ins Bad und sah zu, wie sie ihren Fund mit kaltem Wasser abspülte. Zu gern hätte sie die

Brosche an ihr T-Shirt gesteckt, sie gefiel ihr. Sie wünschte, dass sie ihr gehörte, aber Amanda hatte sie schließlich gefunden. Ihr gehörte die Brosche.

„Hallo, Sharon, träumst du? Du bist ja wie verzaubert!"

„Ich hab über diese Buchstaben nachgedacht. Meinst du wirklich, dass der Buchstabe N Nina bedeutet?"

„Nein. Ich glaube immer noch, es ist ein Trick von Larry!", erklärte Amanda.

Amanda trug die Brosche, als sie zum Essen gingen. Sie hatte sie so lange poliert, bis sie glänzte, und sie dann an ihren grünen Pullover gesteckt. Sharon sah es und wünschte sich wieder, dass sie die Brosche gefunden hätte. Sie beobachtete Amanda, wie sie ihren Fund mit den Fingerspitzen berührte, immer wieder, während sie sich auf ihren Stuhl an den Esstisch setzte.

Eine ganze Weile saßen sie schon beim

Essen, bis die Brosche bemerkt wurde. Sharons Mutter unterbrach den Vater mitten in einem Satz und rief: „Meine Güte, Amanda, woher hast du die Brosche?“

„Die hab ich heute gefunden“, sagte Amanda rasch.

„Gefunden hast du sie?“ Die Stimme der Mutter war erstaunt. „Ja, Kind, wo denn? Wo kannst du hier diese Brosche gefunden haben? Noch dazu im Schnee!“

Sharon wunderte sich, dass die Mutter so aufgeregt war. Sie legte klirrend ihre Gabel hin, dann sprang sie auf und lief zu Amanda, um die Brosche zu betrachten.

Sharon sah schnell zu ihrer Freundin. Warum war Mama plötzlich so interessiert an dieser Brosche vom Flohmarkt, die Larry doch wohl nur versteckt hatte, um ihnen, Amanda und ihr, einen Streich zu spielen? Vielleicht dachte die Mutter, sie sei wertvoll und jemand hätte sie verloren?

„Amanda hat sie heute in der Erde gefunden. In dem Loch, das Larry gegraben hatte, um die Tanne auszubuddeln. Wir haben ihm dabei geholfen.“

„Es ist Großmamas Brosche!“, rief die Mutter jetzt und betrachtete die Buchstaben aufmerksam. „Großmutter Nina – Franziska Anna Schmitt“, sagte sie leise. „Niemals hätte ich gedacht, sie je wieder zu finden!“

Amanda zog langsam die Nadel der Brosche aus ihrem Pullover und gab sie Sharons Mutter. „Also gehört sie Ihnen“, sagte sie leise.

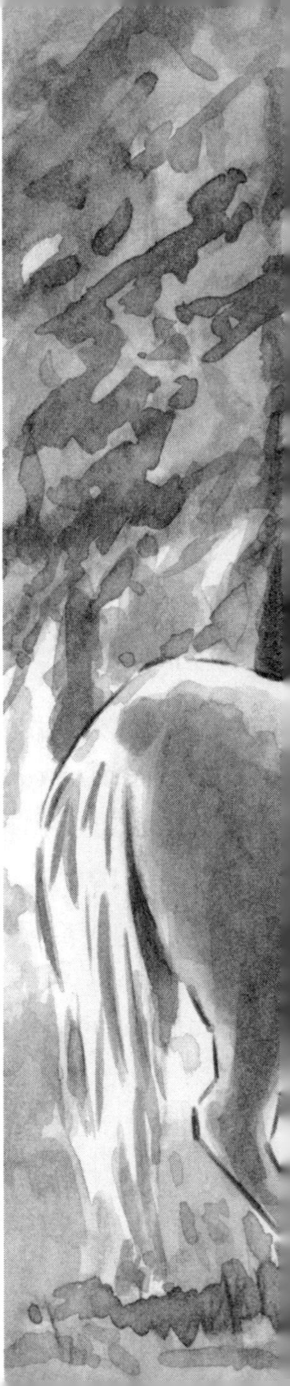

Die Mutter strahlte, als sie die Brosche aus Amandas Hand nahm und strich zärtlich über den silbernen Rand. „Ich danke dir, Amanda, ich dachte wirklich, diese Brosche wäre für immer verloren. Ihr glaubt nicht, wie ich mich freue!“

Bis zum Ende des Essens erzählte die Mutter begeistert von ihrer Kindheit, von damals, als sie hier auf der Farm aufgewachsen war.

„Meine Mutter hatte mich rausgeschickt, um Vater beim Setzen junger Tannenstämmchen zu helfen. An dem Tag trug ich diese Brosche. Ich war schrecklich stolz auf sie, denn ich konnte es kaum glauben, dass Großmutter Nina sie mir geschenkt hatte. Obwohl der Stein in der Mitte damals fehlte, liebte ich sie sehr.“

„Bei so einer Art Arbeit hättest du sie nicht tragen sollen!“, sagte Sharon vorwurfsvoll.

„Ja, heute weiß ich das“, antwortete die

Mutter, „aber damals war ich eben ein kleines Mädchen. Wir haben den ganzen Tag in der Tannenschonung gearbeitet und die jungen Pflanzen eingesetzt. Am Abend, als ich dann bemerkte, dass ich die Brosche verloren hatte, suchte ich überall, aber ich fand sie nicht mehr. Vater half mir beim Suchen, aber wir haben sie nicht wieder gefunden. Und heute kommt sie zu mir zurück, es ist wie ein Wunder." Liebevoll betrachtete sie das kleine Schmuckstück, das sie sich an den Jackenaufschlag gesteckt hatte. „Ich sollte da einen neuen Stein einsetzen lassen. Einen roten vielleicht, einen Rubin. Wenn du nicht wärst, Amanda", fügte sie hinzu, „wäre die Nadel wohl nie mehr aufgetaucht."

„Eine seltsame Geschichte!", sagte der Vater. „Du hast wirklich einmaliges Glück, dass du das kleine alte Stück wieder gekriegt hast."

Anny kicherte. „Wolltest du damals vielleicht Silberbroschen pflanzen, Mama?“

Sharon und Amanda lachten, und dann lachten auch die Eltern.

Ja, dachte Sharon, es ist unglaublich. Dann aber fuhr ihr ein Gedanke durch den Kopf und ließ sie nicht mehr los. Wenn die silberne Brosche nun Mama gehörte und sie sie damals verloren hatte, dann war sie nicht von Larry dorthin gelegt worden, damit sie und Amanda sie fänden.

Und wenn Larry das nicht getan hatte, dann hatte er auch nicht die Buchstaben in den Felsen geritzt. Und wenn er nicht der Urheber der Buchstaben auf dem Felsblock war – wer war es dann?

Am nächsten Tag schneite es wieder, doch nicht genug, um die Straßen unbefahrbar zu machen. Am Morgen kamen die Kunden in hellen Scharen. Sie lachten und schüttelten sich den Schnee ab, während sie herumgingen; viele waren schon in Weihnachtsstimmung.

Sharon und Amanda sahen zu, wie sich eine junge Frau in den Schnee fallen ließ und – indem sie Arme und Beine wild hin und her bewegte – einen richtigen Schnee-Engel machte. Sie sprang auf, betrachtete zufrieden ihr Werk und hängte sich dann an den Arm ihres Mannes. Die beiden stapften weiter auf der Suche nach einem Christbaum.

Sharon schüttelte den Kopf und lachte. Sie und Christa halfen dem Vater heute wieder, die Tannen den Hügel hinabzuziehen. Christa störten die Seile nicht, wie so manches andere Pferd. Sie wartete stets geduldig und stand ganz ruhig, bis ihre Freundin kam, um ihr zu sagen, was als Nächstes zu tun sei.

Sharon wusste nicht, ob es die Weihnachtsstimmung war oder die Tatsache, dass sie ihr Pony so liebte – jedenfalls war der Verkauf der Christbäume niemals richtige Arbeit für sie. Sie liebte die Beschäftigung mit den Bäumen. Sie war gerne draußen, und am liebsten war sie draußen mit Christa. Sie hatten bereits mehrere Bäume den Hügel hinuntergezogen. Jetzt lehnte sich Sharon an Christas Hals und küsste sie schnell. Sie streichelte das weiche Maul der kleinen Stute, und Christa prustete und schlug unternehmungslustig mit dem Schweif.

Mittags begann es aufs neue zu schneien. Der Himmel war dunkel geworden, unaufhörlich rieselten Schneeflocken wie Engelsfedern über der Tannenfarm herunter.

Dann kam die Straßenwacht mit Schneepflügen. Die Straßen wurden geräumt, Split und Salz wurden gestreut und verwandelten die weiße Pracht in eine schmutzig graue Schicht.

Nun kamen keine Kunden mehr, und Sharon und Amanda hatten frei und konnten tun, was sie wollten.

Amanda stand vor der Scheune; sie hob ihr Gesicht zum Himmel und versuchte, mit der herausgestreckten Zunge Schneeflocken aufzufangen.

Sharon bürstete über Christas Sattellage und glättete ihre Mähne. Dann legte sie ihrem Pony eine dicke, weiche rote Satteldecke auf. „Komm, Amanda, lass uns heute ohne Sattel reiten“, schlug sie ihrer Freundin vor. Wir tun so, als ob wir Susquehannock-Indianer sind und gehen jetzt auf Fährtensuche in die Hügel!“

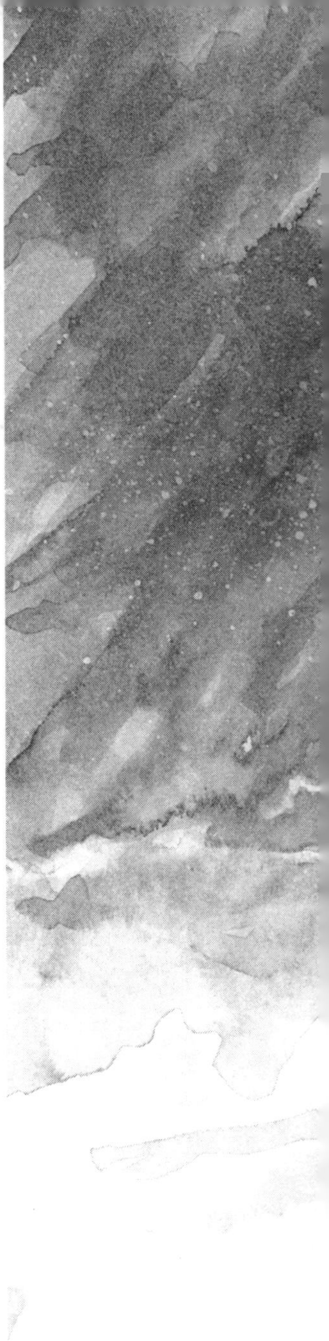

„Hatten die Susquehannocks denn Pferde?“, fragte Amanda.

„Ich glaube schon!“ Sharon dachte einen Augenblick nach. „Klar hatten die Pferde.“ Sie hob Christas Hufe nacheinander auf und kratzte sie sorgfältig mit dem Hufkratzer aus. „So, fertig. Also, komm, Amanda! Christa wartet doch schon! Wir reiten heute nur Schritt“, versprach Sharon. Sie schwang sich auf Christas Rücken und reichte Amanda die Hand, um ihr beim Aufsitzen zu helfen.

Es schneite immer noch, als die Mädchen unter den Tannen auf dem Forstweg dahinritten. Sie sprachen wenig, flüsterten nur manchmal miteinander.

„Pass jetzt auf – vielleicht gibt’s irgendwelche Spuren!“, sagte Sharon leise, und Amanda nickte.

Irgendwann hoppelte ein Kaninchen hinter einer Tanne hervor. Flink sprang es von Baum zu Baum und hinterließ seine

Spuren in dem frisch gefallenen Schnee.

Im gleichen Augenblick, in dem das Kaninchen aufgetaucht war, warf Christa den Kopf hoch und spitzte die Ohren. Sie schnaubte und machte einen Satz zur Seite, als das Kaninchen wieder zurücklief, dann senkte sie den Kopf und begann dem Kaninchen zu folgen. Sharon ließ der Stute ihren Willen. Offenbar hatte Christa eine Spur aufgenommen und wollte ihr folgen. Warum sollten sie nicht in die Richtung reiten, die Christa vorschlug, dachte Sharon.

Amanda kicherte und hielt sich an Sharon fest. „Du, ich finde, Christa läuft hinter dem Kaninchen her wie ein Hund, nicht wie ein Pony!“

Sharon musste auch lachen. Christa hatte das Kaninchen hinter einem Baum aufgestöbert, und sie folgte ihm jetzt den Hügel hinauf. Es sprang von Baum zu Baum, bis es schließlich einen Unterschlupf unter einem Felsbrocken fand, in den Christas Maul nicht hineinreichte. Einen Augenblick stand das Pony mit geweiteten Nüstern vor dem Felsen, dann scharrte es mit den Hufen unschlüssig im frischen Schnee und stand abwartend da.

Sharon sah sich um. Sie war erstaunt, dass sie schon fast oben am Klapperschlangenberg angekommen waren. Unsicher geworden, fragte sie Amanda: „Ob wir da raufgehen und uns noch mal umsehen? Was meinst du?“

Amanda blickte angestrengt durch den grauen Schleier tanzender Schneeflocken.

Sharon stieß sie ungeduldig an, da die Freundin nicht gleich antwortete.

„Doch, doch“, sagte Amanda schließlich, aber Sharon war, als ob ein kleines Zittern in der Stimme ihrer Freundin sei.

Sie wendete Christa, und dann ging es hinauf, der Spitze des Klapperschlangenbergs entgegen. Ringsum war alles still. Die Luft war schwer und feucht. Nur das fast unhörbare Geräusch der herunterwirbelnden schmelzenden Flocken war da und zuweilen das Geräusch einer Windbö um die größeren Felsblöcke. Sie ritten weiter, bis sie fast auf einer Höhe mit den Felsen der Kuppe waren. Die Mädchen stiegen ab, um Christa zu schonen und gingen neben dem weißen Pony über Steine und Geröll, bis sie bei dem Felsblock mit der Inschrift: *Ahrwald und Nina* anlangten.

„Willst du dort noch mal nachschauen?“, fragte Sharon ihre Freundin und blieb stehen.

„Nein, wir können es ja auch von hier aus sehen“, sagte Amanda schnell.

Diesmal spürte Sharon deutlich die Angst in Amandas Stimme. Auch sie selbst spürte ein Frösteln, trotz ihrer warmen Schneejacke. Irgendetwas an diesem Platz hier oben war total unheimlich.

Die Felsbrocken waren mit Schnee bedeckt. Sharon führte Christa ganz nah an den Fels mit den Schriftzeichen heran.

Amanda bückte sich und wischte den Schnee ab. Da waren die eingeritzten Buchstaben.

Amanda wischte den letzten Rest Schnee weg. „Schau, da“, flüsterte sie.

Sharon neigte sich weiter zu den Buchstaben und kratzte an der dünnen Eisschicht, bis sie das, was Amanda bereits entdeckt hatte, lesen konnte. Sie erstarrte.

Unter den Namen war ein neues Wort zum Vorschein gekommen, in der gleichen unbeholfenen Schrift: *Hilfe!*

7

Jetzt hört der Spaß aber auf!“, sagte Sharon energisch. Sie war plötzlich wütend geworden. „Amanda!“ Sie stieß ihre Freundin an. „Komm, wir verschwinden!“ Sie führte das Pony herum, stieg auf und half auch Amanda hinauf. Dann ritten sie den Weg zurück, den Hügel hinunter. Ringsum war weiter alles still. Man konnte meinen, dass jeder Zweig, der sich über ihren Köpfen bewegte, jeder Busch, der schützend die Felsen umstand, entschlossen war, das Geheimnis des Klapperschlangenbergs zu hüten. Nicht einmal im Schnee, der sich auf alles ringsumher gelegt hatte, zeigte sich die kleinste Spur.

Sie waren ein paar hundert Meter weit geritten, als Amanda aufschrie: „Halt!“

Sharon zog die Zügel an und brachte Christa zum Stehen. „Was ist denn?“, fragte sie erschrocken.

„Im Schnee dort! Schau nur! Irgendwas Blaues liegt da!“

Sharon starrte hin, dann entdeckte sie im Schnee – fast wären sie darüber geritten – etwas Kleines, Blaues aus Metall, das da zwischen Hufabdrücken lag, die noch von ihrem Ritt den Hügel hinauf da waren. Dicht neben den Spuren des Kaninchens lag ein kleines blaues Taschenmesser. Sharon sprang aus dem Sattel und hob das Messer auf. Sie gab es Amanda, die es in der Hand hin und her drehte. Sie betrachtete das flache, längliche Messerchen genau, dann huschte ein zufriedenes Lächeln über ihr Gesicht.

„Warum lachst du?", fragte Sharon. „Kennst du das Messer?"

„Verdacht bestätigt!" Amanda fuhr auf Sharons fragenden Blick hin fort: „Das ist Larrys Taschenmesser! Ich wette, er hat es hier verloren, nachdem er das Wort *Hilfe* in den Stein gekratzt hat!"

„Woher weißt du, dass es ihm gehört?"

„Weißt du noch, dass Larry mir sagte, den Leinenstreifen abzuschneiden? Er gab mir sein Taschenmesser, und ich hab es dabei genau gesehen. Es war blau an den Seiten, genauso wie dieses."

„Also, nein, ich kann's nicht glauben, dass er so etwas gemacht hat!" Sharons

Stimme klang wütend. „Zuerst war's ja ganz witzig, aber jetzt ist er wirklich zu weit gegangen!"

Christa suchte sich geschickt ihren Weg den Hügel hinunter. Es hatte wieder angefangen zu schneien. Plötzlich flog ein großer Schwarm Schwarzdrosseln neben ihnen auf. Die Vögel kreischten und zwitscherten ärgerlich. Sharon zuckte zusammen, als sie dicht über ihren Köpfen dahinflogen. „Dort drüben muss irgendjemand sein, Amanda!"

„Vielleicht ist es Larry, der uns beobachtet!", flüsterte Amanda.

„Soll er doch!", schrie Sharon. „Mir reicht's allmählich! Wir wissen, dass du da bist, Larry!", rief sie laut. Aber ganz geheuer war ihr dabei nicht. Schnell trieb sie Christa an. Zügig schritt die Ponystute den Hügel hinunter. Sharon wollte jetzt so schnell wie möglich weg vom Klapperschlangenberg. Nur nach Hause!

„Sharon!", rief Amanda. „Stopp! Bitte nicht so schnell den Hügel runter! Christa könnte stolpern!"

Sharon fühlte, wie sich ihre Freundin an sie klammerte.

„Sharon!", jammerte Amanda. „Lass Christa nicht so schnell gehen, bitte."

Schließlich hielt Sharon das Pony zurück, aber in diesem Augenblick trat ein Reh neben einem Baum hervor. Christa machte einen unerwarteten Satz zur Seite und stolperte. Sie ging in die Knie, rutschte durch den Schnee, bis sie auch mit der Hinterhand zu Boden kam. Beide Mädchen flogen in hohem Bogen von ihrem Rücken und fielen in den Schnee.

Sharon versuchte sofort wieder aufzustehen. Sie fühlte den kalten Schnee am Körper, während sie den Hang ein Stück weit hinunterschlitterte. Sie richtete sich auf, um sich den Schnee abzuklopfen, da fühlte sie einen stechenden Schmerz im

Bein, als sie versuchte, sich aufzurichten. Sie sah Amanda, die sich ein Stück weiter unten aus dem Schnee hochrappelte, und Christa, die, noch ein wenig schwankend, wieder auf den Beinen stand.

Langsam stapfte Amanda zu Sharon hinüber.

„Ist alles in Ordnung mit dir?", fragte Sharon. Sie sah, dass Amandas Kinn zitterte und Tränen über ihre Wangen liefen. „Ich bin okay", sagte sie. „Und du?"

„Ich weiß nicht", antwortete Sharon. „Mir tut der Knöchel ziemlich weh." Sie versuchte ein Stück zu gehen, doch beim ersten Schritt durchzuckte ein stechender Schmerz ihren Knöchel, sodass sie wieder stehen blieb. „Ich kann nicht gehen", sagte sie leise. Sie hatte Angst, und der Knöchel tat scheußlich weh. Wie sollte sie jetzt ins Tal kommen?

Christa kam langsam auf die Mädchen zu. Sie rieb ihre warmen Nüstern an

Sharons Arm, als wollte sie das Mädchen trösten und sich überzeugen, dass ihrer Freundin nichts geschehen war.

Plötzlich zuckten die Mädchen zusammen. Eine dunkle Gestalt kam auf sie zu, jemand, der in einen dicken Anorak eingepackt war und eine Baseballmütze trug. „Seid ihr beiden okay?“, rief er laut.

Sharon hatte die Luft angehalten, jetzt atmete sie erleichtert auf. Es war Larry, klar. Am liebsten hätte sie ihm eine geknallt und ihn angeschrien wegen all der Tricks, die er sich ausgedacht hatte, aber jetzt, in diesem Augenblick war sie froh, dass er da war.

„Ich bin okay“, sagte Amanda, „aber Sharon hat Schmerzen im Fuß. Sie kann nicht gehen.“

Larry kniete sich neben Sharon hin und schob ihre Schneehosen hoch, um sich den Knöchel anzusehen. Das Gelenk war bereits geschwollen und gerötet.

Vorsichtig betastete Larry die Schwellung, während Sharon den Atem anhielt. Dann zog Larry das Hosenbein wieder runter und sah Sharon besorgt an. „Tut dir sonst noch irgendwas weh?", fragte er ernst.

„Ja, meine Rippen – hier!" Sie berührte die Stelle leicht mit der Hand und stöhnte leise auf.

Larry sah Amanda an. „Wenn's nur der Knöchel wäre, könnten wir sie reiten lassen ...", er zögerte, „aber an der Seite hat sie auch Schmerzen. Wir können es nicht riskieren, sie zu bewegen. Du musst Hilfe holen, Amanda. Ich bleibe hier bei Sharon und sehe zu, dass sie's warm hat. Sie darf jetzt nicht unterkühlt werden."

Larry zog seinen dicken gesteppten Anorak aus und setzte Sharon ganz vorsichtig darauf. „So, bleib nur ganz ruhig! Und du, nimm Christa", fuhr er zu Amanda gewandt fort.

„Ich ... ich kann nicht!", stammelte

Amanda erschrocken. „Ich weiß gar nicht, wie ich allein reiten soll. Ich ... ich habe Angst vor Pferden ...“

„Du musst“, sagte Larry sehr bestimmt. „Sharon braucht Hilfe. Du musst nichts anderes tun, als dem Pony seinen Willen lassen. Sie ist klüger als du, und ich bin sicher, dass sie möglichst bald nach Hause will. Reg dich also nicht auf, setz dich ganz ruhig auf ihren Rücken.“

Er stand auf und ergriff Christas Zügel „Los, Amanda, ich helf dir beim Aufsitzen“, sagte er.

„Und was ist, wenn sie durchgeht? Und wenn ich runterfalle?“

Larry klopfte Amanda auf die Schulter. „Sie wird nicht durchgehen. Sie wird gar nicht galoppieren, wenn du ihr keinen Schenkeldruck gibst oder sie sonstwie antreibst. Das ist für sie das Zeichen loszulaufen. Lass sie einfach heimgehen. Wenn sie nicht auf dem Weg bleibt, dann lenke sie nur sanft mit dem Zügel zurück. Du hast ja oft genug gesehen, wie Sharon es macht. Nun stell dich nicht an, komm!“

Amanda wollte protestieren, doch dann sah sie in Sharons Gesicht. Die Freundin hatte die Augen geschlossen, sie atmete mühsam und hatte offenbar Schmerzen.

„Ja, klar“, sagte Amanda schnell. „Ich versuch’s.“

Larry half ihr beim Aufsitzen auf Christas Rücken.

„Es passiert dir bestimmt nichts! Du kannst dich auf Christa verlassen, Amanda. Sie weiß genau Bescheid! Hab keine Angst“, sagte Sharon. Sie zog Larrys Steppjacke enger um sich und sah zu, wie Christa langsam den Hügel hinunterging. Amanda hatte die Zügel in der Hand, sie saß ganz gerade im Sattel.

Sharon sah ihren beiden besten Freundinnen nach. Sie fror. Ihr Knöchel pochte heftig und in der Seite stach es. Hoffentlich kommt Amanda zu Hause an, bevor es dunkel wird, fuhr es ihr durch den Kopf. Eine Nacht am Klapperschlangenberg – das wäre wirklich das Letzte.

Christa verschwand im dichten Schneetreiben, und Sharon sah ihrem Pony nach, bis sie die kleine Stute mit Amanda auf ihrem Rücken nicht mehr sehen konnte. Wie tapfer und zuverlässig Christa war! Sharons Kehle wurde eng, als ihr – wie so oft – klar wurde, wie sehr sie ihr weißes

Pony liebte. Der Himmel war so grau wie vor Stunden, als es zu schneien begonnen hatte. Trotz ihrer Schmerzen hatte Sharon Hunger. Bald war es Zeit fürs Abendessen.

Sie sah zu Larry hin, der ein Stück den Hügel hinuntergestapft war, um Amanda nachzublicken. Als er jetzt wieder auf sie zukam, fühlte Sharon eine unbestimmte Wut in sich aufsteigen. Dies alles hier war nur seine Schuld! Wenn er nicht diese ganze Geschichte mit einem Geheimnis und den rätselhaften Buchstaben angefangen hätte, wäre sie zu Hause und Christa in ihrem sicheren Stall!

Sharon holte tief Luft. Larry kniete sich wieder neben sie. Die Stille um sie her war so tief und fast greifbar, so wie der unablässig fallende Schnee. Sie beschloss, dass sie jetzt die ganze Wahrheit wissen wollte. Sofort. Entschieden richtete sie sich auf einem Ellbogen auf und sah Larry fest an. Er hatte seine Kappe tief ins

Gesicht gezogen, um Wind und Schnee abzuhalten, und sie konnte sein Gesicht nicht genau sehen.

„Hier gibt's doch keine Geister, Larry, oder?“, sagte sie unvermittelt.

„Wie?“ Überrascht sah er sie an.

„Hier gibt es keine Geister!“ Sharon spürte, wie widersprüchliche Gefühle in ihr zu brodeln begannen und überzukochen drohten. „Da ist kein Versteck im Wald! Es gibt keine Silbermine und keinen Ahrwald und keine Nina und keinen Silberschatz – nichts davon ist wahr! Gib's zu, dass du alles erfunden hast!“

Larry sah Sharon an, aber nicht mehr überrascht. Eher nachdenklich, dachte sie, und fast ein wenig verlegen.

„Du wolltest doch, dass wir deinen Märchen hinterherlaufen, war's nicht so? Du hast Buchstaben in den Fels geritzt, damit wir glauben sollten, sie wären alt. Du hast uns nachspioniert, wenn wir hier raufgeritten sind, und du hast versucht, uns Furcht einzujagen, stimmt's nicht?"

Larry rieb seine Hände in den dicken Handschuhen gegeneinander. Sharon wusste nicht, ob er das tat, weil er fror oder weil er ein schlechtes Gewissen hatte. Es war ihr auch egal, nur eine ehrliche Antwort wollte sie haben.

„Ich weiß auch nicht, ob die Geschichte wahr ist, Sharon. Ich weiß noch nicht einmal genau, ob es hier Geister gibt oder nicht", antwortete er. „Jedenfalls gibt es diese Geschichte von dem Silberschatz hier in der Gegend schon seit sehr langer Zeit, und eine Menge Leute glaubt, dass sie wahr ist ..." Er schob seine Baseballmütze zurück und strich sich über die Stirn. „Du hast Recht", fuhr er fort. „Ich habe die Buchstaben in den Felsen gekratzt, und ich bin euch gefolgt. Angst wollte ich euch nicht machen, das schwöre ich, ich wollte euch nur zu einem richtigen Abenteuer verhelfen. Ihr wart doch so neugierig ..."

„Du hast uns aber ganz schön Angst eingejagt", sagte Sharon vorwurfsvoll. „Warum hast du das gemacht?"

„Als ich ein kleiner Junge war – ich bin ja auf der anderen Seite des Klapperschlangenbergs aufgewachsen – habe ich auch nach der versunkenen Silbermine gesucht. Ich wollte sie unbedingt finden, ich hab sogar von Ahrwald und Nina geträumt. Weißt du, etwas in mir glaubt immer noch, dass es hier oben eine Silbermine gibt, die nur darauf wartet, dass sie gefunden wird. In alten Sagen und Legenden ist immer ein wahrer Kern." Er wies mit der Hand den Klapperschlangenberg hinauf. „Als ich merkte, wie beeindruckt ihr beide wart, du und Amanda, und wie neugierig, da war ich wieder der kleine Junge von damals, der auf Schatzsuche ging!“ Er lachte. „Verstehst du das nicht ein bisschen?“

„Ich weiß nicht“, sagte Sharon. Ihre Stimme war schon etwas sanfter. „Aber dann hast du dich ja wieder eingemischt und hast uns einen ziemlich gemeinen Streich gespielt mit diesem neuen Wort: Hilfe. Außerdem hast du uns belauscht, als wir miteinander gesprochen haben. Du hast also gehört, dass wir glaubten, irgendjemand beobachtete uns. Da hättest du dich doch zeigen können und uns sagen, dass du's gewesen bist!“

Larry zog seine Handschuhe aus und verschränkte die Hände so fest, dass die Knöchel krachten. „Ich hatte gar nicht vor, irgendwas in den Felsblock zu ritzen. Als ich am ersten Tag da oben war, kamt ihr beiden auch, und da fand ich plötzlich, es würde richtigen Spaß machen, euch eine geheime Nachricht zu hinterlassen. Ich habe also Ahrwald und Nina in den Stein geritzt, meine Spuren hab ich mit einem Tannenzweig verwischt. Als ihr dann so aufgeregt wart, hab ich fast schon ein schlechtes Gewissen gehabt, das musst du mir glauben, Sharon ..."

Sharon sah in Larrys Augen, dass er ziemlich schuldbewusst war, und ihr Zorn schmolz dahin.

„Dann sah ich, wie ihr beide heute wieder losgeritten seid, weil euch die Idee mit der Silbermine und den Geistern nicht losließ. Es war ziemlich leicht, vor euch oben am Hügel anzukommen. Ihr habt nicht einmal bemerkt, dass ich nur zwei Tannenreihen von euch entfernt war, als Christa hinter dem Kaninchen herlief. Mir hat das riesigen Spaß gemacht, ich hab mir nicht überlegt, wie euch dabei zumute war. Dass ihr Angst hattet, meine ich."

Sharon stieß Larrys Arm an. Eigentlich war er doch ein sehr netter Junge. Einer der auf Schatzsuche ging, dachte sie und musste heimlich lachen.

„Es tut mir wirklich Leid", sagte er leise.

Gerade wollte sie sagen, es sei okay, da wurde ihr bewusst, dass Larry da in seinem Flanellhemd und ohne Anorak neben ihr im Schnee saß. Kein Wunder, dass er sich dauernd die Hände und Arme rieb. Er

musste total durchgefroren sein! Er hatte ihr ja seinen Anaorak gegeben.

„Larry", sie und stieß ihn leicht am Arm, „du solltest dich hier neben mich unter deinen Anorak setzen, bevor du erfroren bist! Komm, wir legen ihn uns beide um."

„Heißt das, dass du mir verzeihst?" Er lachte.

„Ja." Sharon zog den dicken Anorak an einer Seite hoch und legte ihn über Larrys Schultern, als er sich neben sie setzte.

„Aber versuch nicht noch mal, uns reinzulegen", sagte sie, doch ihre Stimme klang nicht allzu ernst. „Das nächste Mal kannst du was erleben!"

Sie duckten sich unter die weite Jacke und lehnten sich aneinander, um sich zu wärmen. Schon bald war ihr „Anorak-dach" mit einer feinen Schicht frisch gefallener Schneeflocken bedeckt.

„Wie lange ist es her, dass Amanda weggeritten ist?", flüsterte Sharon endlich.

Larry schaute auf seine Uhr. „Ungefähr eine Dreiviertelstunde. Bestimmt kommt bald Hilfe."

Sharon blickte zum grauen, schneegefüllten Himmel auf. Es wurde langsam dunkler. „Meinst du, sie schaffen es, bevor es richtig Nacht ist?", fragte sie.

Larry spähte unter dem Anorak hervor.

„Ich glaube“, er zögerte, setzte sich dann plötzlich auf und starrte angestrengt in das Schneetreiben, „ich glaube, ich kann deine Frage mit Ja beantworten! Weil sie nämlich gerade kommen!“

Sharon folgte Larrys Blick, und dann sah auch sie die kleine Gruppe. Amanda ging an der Spitze, und sie führte Sharons Pony Christa. Hinter ihnen gingen Sharons Vater und einige Männer in den dicken Steppjacken der Rettungswacht.

Larry stand auf und winkte. „Hierher!“, schrie er. „Hier sind wir!“

Sharon versuchte sich aufzusetzen. Ihr Brustkorb schmerzte heftig, aber sie lächelte trotzdem. Sie lächelte Larry an und ihren Vater, die Sanitäter der Rettungswacht und Amanda, die jetzt ganz sicher das kleine weiße Pony führte. Amanda sah so zufrieden aus, wie Sharon ihre Freundin noch nie gesehen hatte.

9

Amanda kam am Weihnachtsabend nach dem Essen in der Tannenbaumfarm an.

Der Vater spannte Christa vor den Schlitten, er wollte eine Schlittenfahrt bei Mondschein mit den beiden Freundinnen machen.

Er half Sharon auf den Rücksitz, damit

sie den verstauchten Fuß auf die seitliche Kante des Schlittens legen konnte.

Sharon war froh, dass sie sich bei ihrem Sturz am Klapperschlangenberg nichts Schlimmeres als einen verstauchten Knöchel und eine breite Schramme an der Hüfte zugezogen hatte. Keine Rippe war gebrochen. Nachdem die beiden Mädchen im Schlitten Platz genommen hatten, tauschten sie ihre Weihnachtsgeschenke aus.

„Frohe Weihnachten!“, sagte Amanda, „ich hoffe, es gefällt dir!“

„Du musst deins zuerst aufmachen“, bat Sharon.

Amanda packte ihre Schachtel aus und sah hinein. Dann holte sie tief Luft und wickelte eine wunderschöne silberne Anstecknadel aus dem Seidenpapier. „Ist die wirklich für mich?“ Sie sah ihre beste Freundin an.

„Klar. Ist sie nicht schön?“ Sharon

deutete auf die gleiche Brosche, die sie an ihren Pullover gesteckt hatte. „Mama hat sie für uns machen lassen, als Erinnerung an unser Abenteuer. Sie sind genauso wie Urgroßmutter Schmitts Silberbrosche, die du in dem Versteck der Baumwurzel gefunden hast. Nur sind auf meiner die Anfangsbuchstaben von deinem Namen und auf deiner die von meinem eingraviert."

Amanda umarmte Sharon und steckte sich dann die Brosche an ihre Windjacke. „Eine super Idee von deiner Mutter! Es ist das schönste Geschenk, das ich je bekommen habe! Jetzt pack du deins aus!"

Sharon wickelte das Geschenkpapier von ihrer Schachtel und hob den Deckel hoch. Ein Paar goldene Ohrringe in Form eines kleinen Sattels glänzten ihr entgegen. „Damit du nicht vergisst, dass ich gern mit einem Sattel reite!", sagte Amanda und lachte.

Sharon lachte auch. Sie strich mit dem

Finger über die beiden kleinen goldenen Sättel. „Die Hauptsache ist doch, dass du jetzt gern reitest!“, sagte sie und fügte nachdenklich hinzu: „Diesen Winter werden wir nie vergessen, stimmt’s?“

„Bestimmt nicht. Wir werden uns immer an ihn erinnern!“ Amanda nickte heftig.

Der Mond stand am Himmel wie eine große silbrige Christbaumkugel, um ihn funkelten zahllose Sterne, wie Wunderkerzen. Der Vater schnalzte Christa leise zu, und der Schlitten glitt über den verschneiten Weg, so leicht wie ein Schlittschuhläufer über das Eis des zugefrorenen Teiches. Die Bäume des Waldes huschten vorüber, und die Schneewälle zu Seiten des Weges glänzten weiß im Mondlicht.

Sharon und Amanda kuschelten sich auf ihrem Rücksitz in die warme Decke, die ihnen die Mutter mitgegeben hatte.

„Das war schon ein komisches Abenteuer“, sagte Sharon leise. „Trotz allem ...“

„Ja.“ Amanda nickte. „Einfach Klasse!“

Christas Hufgetrappel klang auf dem verschneiten Weg. Sharon war mit ihren Gedanken bei den Ereignissen der letzten Tage. Komisch, dachte sie, wie manchmal alles ausgeht: Amanda hatte endlich ihre Angst vor Christa und dem Reiten überwunden, obwohl sie doch von dem Pony am Klapperschlangenberg abgeworfen worden war, und Larry hatte felsenfest versprochen, ihnen in Zukunft keinen Streich mehr zu spielen. Aber dabei hatte er so seltsam gelächelt. Und die verschollene Silbermine vom Klapperschlangenberg? Ob sie irgendwann einmal wieder entdeckt wurde? Vielleicht war es gar nicht so dumm gewesen, dass sie an Geister geglaubt und nach dem Silberschatz gesucht hatten! So hatten sie wenigstens ein märchenhaftes Abenteuer erlebt. Und die verlorene Silberbrosche hatten sie schließlich auch wieder gefunden. Auch wenn's keine Geister gab. Oder doch? Sie fuhr mit der Hand über die Brosche, die an ihrer Jacke steckte, und dachte, dass der Lieblingsspruch der Mutter stimmte: Jede noch so schwarze Wolke hat einen hellen Silberstreif. Was wohl so viel heißen sollte: Es gibt immer eine Hoffnung.

Sharon schloss schnell die Augen und stellte sich die Felsen vom Klapperschlangenberg vor, in der Sonne, nicht im dichten Schneegestöber. Jetzt blinkten Tausende von Sternen über die Felskuppe auf sie herunter.

„War es dumm von uns, an Geister zu glauben?", sagte sie zu Amanda.

Amanda antwortete nicht. Sie nahm Sharons Hand, und zusammen schauten sie hinauf zu dem geheimnisvollen Berg.

Plötzlich zog eine hell leuchtende Sternschnuppe über den Winterhimmel.

Genau über dem Klapperschlangenberg schien sie herunterzufallen, und Sharon schloss die Augen und wünschte sich ganz schnell etwas. Sie sah Amanda an, auch sie hatte die Sternschnuppe gesehen.

„Sag, was du dir gewünscht hast!", wisperte Sharon. „Mir kannst du's verraten!"

„Doch noch die Silbermine zu finden", flüsterte Amanda fast unhörbar.

„Vielleicht schaffen wir's ja. Irgendwann!", sagte Sharon.

Hinter einer Wolke kam der Mond hervor und goss sein Licht über den Klapperschlangenberg. Es sah aus, als bewegten sich dort geisterhafte Schatten zwischen den Felsen.

Sharon drückte sich enger an Amanda, sie lächelte ein bisschen. „Ahrwald und Nina", flüsterte sie, und Amanda nickte.

Der Mond fiel auf Christas silberweißes Fell und ließ es aufleuchten.